THIS BOOK
BELONGS TO

CUTE ANIMALS
COLORING BOOK

FOR KIDS

Dive into a world of charming animals, where creativity knows no bounds! This delightful coloring book invites kids alike to bring pets, jungle creatures, and sea life to life through color, inspiring endless imagination and joy.

☆☆☆☆☆

Thank you for purchasing this coloring book! Your reviews help me bring more fun and creativity to families everywhere. If your child loved the book, please consider leaving your feedback on Amazon - it truly makes a difference!

AGES 4-8

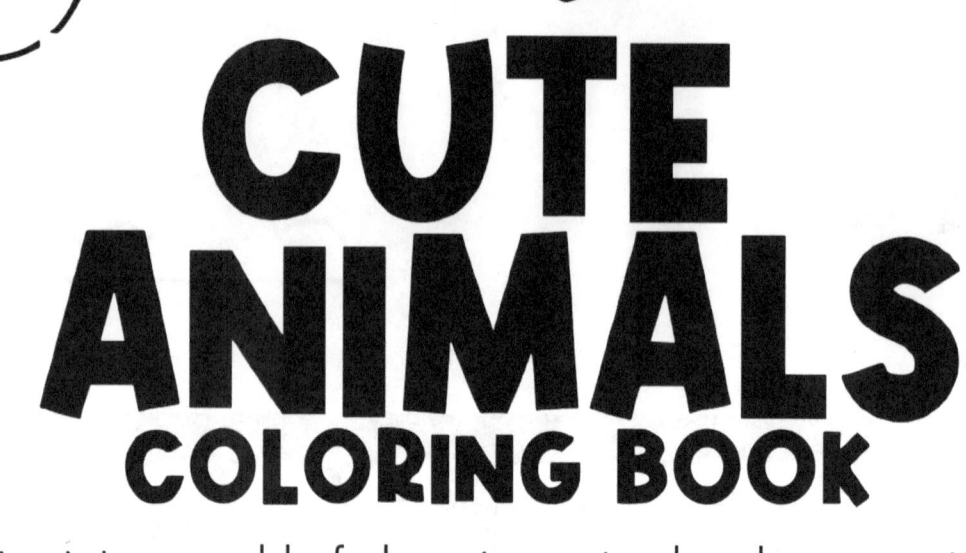

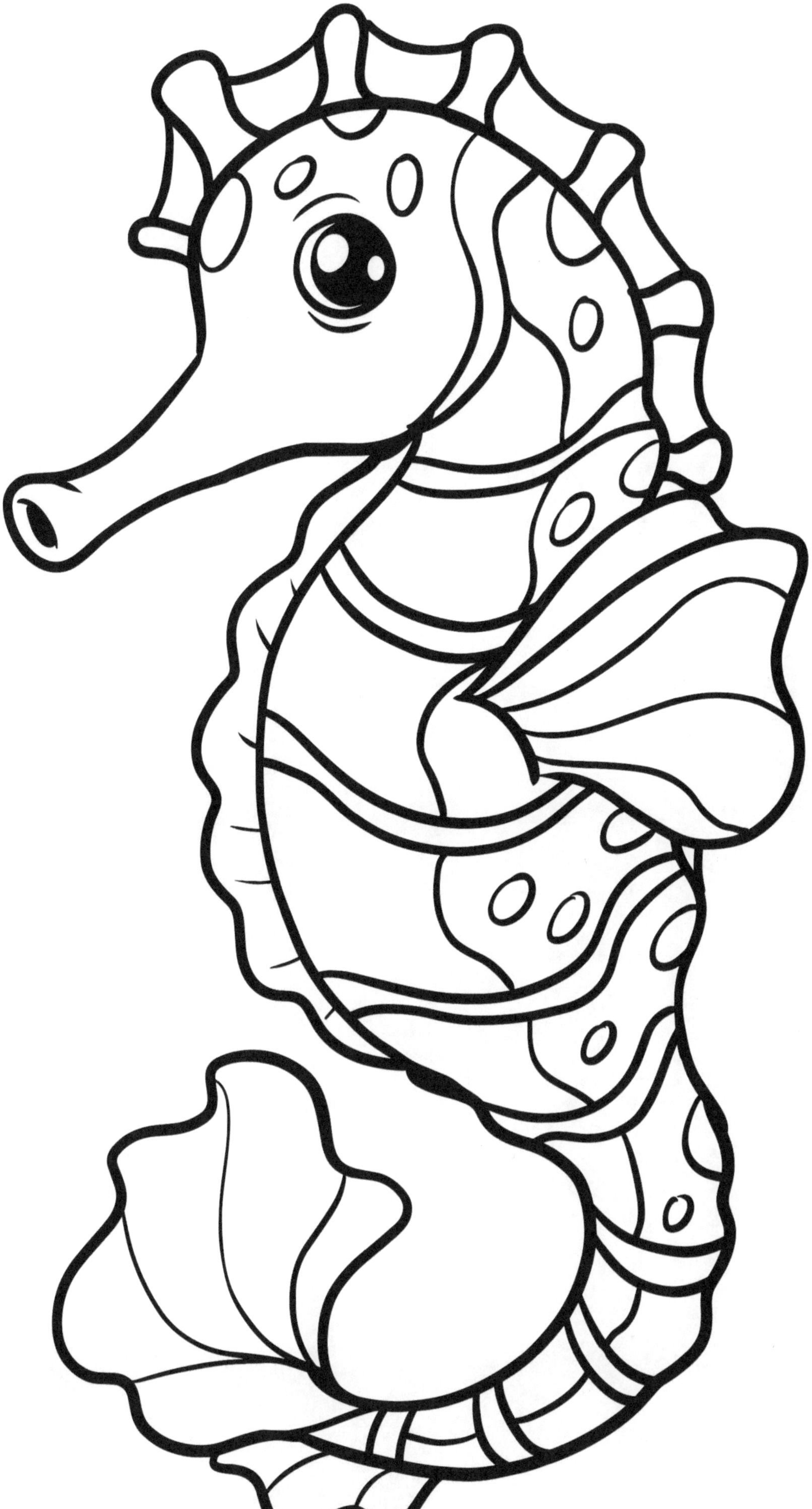